AF455828

CATALOGUE
DE LIVRES

(SCIENCES ET ARTS, BELLES-LETTRES, PATOIS,
HISTOIRE DE FRANCE, PARIS, LES PROVINCES, MANUSCRITS, ETC.)

COMPOSANT LA BIBLIOTHÈQUE

DE M. LE C. DE LAGNY

DONT LA VENTE AURA LIEU

LES LUNDI 3 ET MARDI 4 FÉVRIER 1862

A 7 heures du soir

28, rue des Bons-Enfants (Maison Silvestre)

SALLE DU PREMIER ÉTAGE

Par le ministère de Me JULES DELON, Commissaire-Priseur,
23, rue de la Victoire.

PARIS
ANCIENNE MAISON SILVESTRE
CAMERLINCK, libraire (successeur)
RUE DES BONS-ENFANTS, 28.

1862

Paris. — Imprimerie Poupart-Davyl et Cie, 30, rue du Bac.

ORDRE DE VACATIONS

Lundi, 27 *janvier*. . . . . *du N°* 1 *à* 221.
Mardi, 28 *janvier*. . . . . *du N°* 222 *à* 429.

QUELQUES LOTS.

CONDITIONS DE LA VENTE

Il y aura, chaque jour de vente, exposition de une à trois heures.

Les livres vendus devront être collationnés sur place, dans les vingt-quatre heures de l'adjudication. Passé ce délai, ou une fois sortis de la salle de vente, ils ne seront repris pour aucune cause.

Les ouvrages qui se trouveront incomplets ou atteints de graves défectuosités seront revendus. Les acquéreurs payeront, en sus du prix d'adjudication, 5 centimes par franc, applicables aux frais.

M. Camerlinck, libraire chargé de la vente, remplira les commissions des personnes qui ne pourraient y assister.

(***Affranchir.***)

CATALOGUE
DES LIVRES

COMPOSANT LA BIBLIOTHÈQUE

De M. le C. DE LAGNY

THÉOLOGIE ET DROIT

1. SACY (de). Nouveau Testament. Paris, Firmin Didot, 1849, in-8, rel. tr. dor.

2. DESMAREST (Sam. et Henri). La Sainte Bible, contenant le Vieux et le Nouveau Testament, trad. en franç. avec des notes. Amst. L. et D. Elzevir, 1669, 2 vol. in-fol., d.-rel.

3. DESRUES (Ant.-Fr.). Vie privée et criminelle. Paris, in-12, br.

4. LEDRU (Me Ch.) et Contrafatto. Procès curieux, etc. Ens. 8 vol. et br. in-8.

5. Procès de Lavalette, Lacenaire, Praslin, Beauvallon. 6 vol. et br. d. un c.

SCIENCES ET ARTS

Philosophie, morale, politique, mélanges.

6. DUMOULIN. La philosophie mise en français et divisée en trois parties. Paris, 1644, in-8, vélin.

7. DUMOULIN (P.). Accomplissement des prophéties. Genève, 1660, in-12, vél. (Manq. un feuillet à la préface.)

8. Dictionnaire philosophique portatif. Berlin, 1765, in-12, rel. v.

9. MAURIAL (Emile). Le Scepticisme combattu dans ses principes, analyse et discussion de principes de Kant. Paris, Durand, 1857, in-8, br.

10. PHILON (les œuvres de) mises de grec en français par Bellier (P.). Paris, 1598, in-8, rel. parch., fig. s. bois.

11. SAINT-MARTIN. Des erreurs et de la vérité, ou les Hommes rappelés au principe universel de la science. Edimb., 1775, in-8, cart.

12. Théisme (le) et l'athéisme de BAYLE. Pacifique des paradoxes. Dict. des Athées de Maréchal. Ens. 3 vol. in-8, br.

13. BOUVET (Fr.). De la Confession et du Célibat des prêtres. Paris, 1845, in-8, br. (Curieux.)

14. Célibat des prêtres, lettre d'un provincial, le Mariage des prêtres, etc. Ens. 4 pièces réun., in-8, dem.-rel. (Curieux.)

15. Célibat des prêtres, par Jager (l'abbé), Bassville (de), Grave. Ens. 7 vol. in-8 et in-12, rel. et br.

16. Inconvénients du célibat des prêtres, prouvés par des recherches historiques. Genève. 1781, in-8, rel. v. (Curieux.)

17. Du Mariage des prêtres, par Brouard (de), Dupin (aîné), Kératry, Nodier (Ch.), etc. Ens. 8 broch. in-8. (Curieux.)

18. Mariage des prêtres, Moyens de rendre le clergé citoyen. Abolition du célibat religieux; les Couvents ou les moines, etc. 6 pièces réun. 1789, in-8, rel. v. (Curieux.)

19. Culte des morts, sépultures et funérailles, des tombeaux. Ens. 10 vol. et br. in-8. (Curieux.)

20. Matières religieuses. Apostasies, Prosélytisme, affaire miss Loveday. 17 pièces in-8. (Curieux.)

21. Nécessité de rétablir la religion chrétienne. Refus de sépulture. Sur la tolérance et les débauches du clergé.

Des abus ecclésiastiques. Le parti prêtre. Ens. 40 br. in-8. (Curieux.)

22. Refus de sépulture et des sacrements sur Mlle Raucourt. Mr de Cosnac, etc. Ens. 5 vol. et b.

23. Procès-Prêtres. (Comballot (l'abbé). Montargis (de). Procès de Reims. Ens. 7 pièces in-8. (Curieux.)

24. Recueil des dernières heures de MM. de Mornay, Gigord, Rivet, Dumoulin, etc. Lausanne, 1740, in-8, c.n. r.

25. Appiano Buonafède. Histoire du Suicide, trad. par Armellino et Guérin. Paris, Debécourt, 1841, in-8, br.

26. DUMAS (J.). Traité du Suicide. Amsterdam, 1773, in-8, rel.

27. Mélanges sur le Suicide, par Faust, Guillon, Saint-Maurice, Imberdis, Villenave, Staël-Holstein. Ens. 6 vol. et br. diff. form. (Curieux.)

28. Questions sur le Divorce. 12 vol. et br., in-8. (Curieux.)

29. Chiens et Animaux intéressants (on doit les protéger). Ens. 7 vol. et br., in-8.

30. Codicille d'Or, ou petit recueil tiré de l'institution du prince chrestien, composé par Erasme. A la Sphère (Elzevir). 1666, in-12, vél.

31. LE ROY. Examen des critiques du livre intitulé *De 'Esprit*. Londres, 1760, in-12, rel. v.

32. MARBEAU. Des Crèches. — BASTIAT. Sophismes économiques.— ROCHEJAQUELIN (de la). Trois questions, etc. Réun. en in-18, d.-rel.

33. Misère, Aumône, Paupérisme. Contre les Jeux publics. Ens. 10 pièces in-8 et in-12, br.

34. MONTAIGNE (les Essais). Paris, Blageart, 1640, in-fol., veau.

35. MONTAIGNE (Michel) (Essais de). Paris, Lavigne, 1842, in-12, dem.-rel.

36. Voix (la) gémissante du peuple chrétien et catholique acca-

blé sous le faix des désastres et misères des guerres de ce temps. Paris, 1640, in-4, vél., fig.

37. BARBET (A.) et MARBEAU (J.-B.-F.). Système social, Réforme politique, le Dogme au XIXe siècle, Etudes sur l'économie sociale. 1840-49, 4 vol. in-8, br.

38. CAILLIÈRES. La fortune des gens de qualité enseignant l'art de vivre à la cour suivant les maximes de la politique et de la morale. Paris, 1668, in-12, vélin. Bel ex.

39. CORMENIN (de). Sur la liste civile. Paris, Pagnerre, 1839, 5 br. in-18.

40. Essai sur les monnaies ou Réflexions sur le rapport entre l'argent et les denrées. Paris, 1746, in-4, b. pl.

41. HUBERT (L.). Répression de la licence dans les écrits, les emblèmes et les paroles. (Trad. P.). Paris, 1817, in-8, br.

42. La Justice poursuivie par l'Église. Appel du jugement contre Proudhon. 1858, in-8, br.

43. LAMENNAIS. Paroles d'un Croyant. Paris, 1839, in-18, d.-rel., v.

44. LANJUINAIS. La Bastonnade et la Flagellation pénales, la Révolution de 1830, etc., in-18, d.-rel.

45. Mouvement religieux en Angleterre (du). Paris, 1844, in-8, br.

46. Questions sur la peine de mort et des circonstances atténuantes, par Guizot, Collard, etc. Ens., 14 vol. et br., in-8. (Curieux.)

47. SAINT-SIMON (Henri). Système industriel (du). Paris, Renouard, 1821, in-8, dem.-rel.

48. Socialistes, philosophes, Fourier, Vinet, etc. Ens. 10 vol. et br., d. un c.

49. Vénalité des offices ministériels, et le Droit de transmission, etc., 12 br. in-8. (Curieux.)

Chimie, histoire naturelle, médecine, mathématiques, magie, etc.

50. Chimie, galvanoplastie, cristallographie, etc., par Desmaret, Descroizilles, etc. Ens. 6 vol. in-12 rel. et br.

51. GIRARDIN (J.). Leçons de chimie élémentaire. Rouen, 1839, in-8, rel. toil.

52. PELOUZE (J.) et FREMY (E.). Cours de chimie générale. Paris, Masson, 1850, 3 vol. et atlas, in-8, cart. et br.

53. SAGE (le minéralogiste). 23 br. in-8. (Curieux).

54. VIOLETTE (H.) et ROBIERRE (Adol.). Manipulations chimiques. Paris, Mathias, 1839-44, 2 vol. in-8, rel. et br.

55. FRANÇOIS (de Neufchâteau). Lettre sur le robinier ou faux acacia. Paris, 1803, in-12, cart., fig.

56. FORSITH. Cultures des arbres fruitiers. Paris, 1803, in-8, br.

57. ALBERT (l') moderne. Paris, 1772, in-12, rel.

58. LAUSANNE (de). Des princ. et procédés du magnétisme animal. Paris, Dentu, 1819, 2 tomes en in-8, dem.-rel.

59. LEROY (Alph.). Recherches sur les habillements des femmes et des enfants, Paris, 1772, in-12 rel.

60. MOREAU (Jacq.-L.). Histoire naturelle de la femme. Paris, 1803, 3 vol. in-8, dem.-rel., fig.

61. VENETTE (Nicolas). Génération et histoire naturelle de l'homme et de la femme. Londres, 1751, 3 vol. in-12 v.

62. AMPÈRE. Considération sur la théorie mathématique du jeu. Lyon, 1802, in-4, br.

63. BOSSUT (Ch.). Essai de l'Histoire générale des mathématiques. Paris, 1802, 2 tom. en in-18, dem.-rel., fig.

64. CALLET (F.). Tables portatives des logarithmes des nombres. Paris, 1795, in-8, dem.-rel.

65. DESARGUE (Lyonnais) et A. BOSSE. Manière universelle pour poser l'essieu et placer les heures et autres choses aux cadrans au soleil. Paris, 1643, in-8, rel. parch., fig.

66. LECLERC. Pratique de la géométrie sur le papier et sur le terrain. Paris, 1682, in-12, rel. v., fig. (Jolis petits sujets.)

67. SAINTE MARIE MAGDELEINE (P. de). Traité d'horlogiographie. Paris, 1680, in-8, fig., v. br.

68. FOSSÉ. Idées d'un militaire pour la disposition des troupes confiées aux jeunes officiers dans l'attaque et la défense des petits postes. Paris, 1783, in-4, cart., planches coloriées.

69. CAHAGNET (L.-A.). Magie magnétique, les tables tournantes, sciences divinatoires. Paris, 1847-58, 3 vol. in-12, br.

70. DECREMPS. De la Magie blanche. Paris, 1784, 2 vol. in-8, rel. v., fig.

71. GUIBERT (Al.). Art de toiser la maçonnerie. Paris, 1619, in-8, br.

72. LE NORMAND (Mlle M.-A.). Souvenirs prophétiques d'une sybille. Paris, 1814, in-8, br., fig.

73. NOSTRADAMUS. Les vraies centuries et prophéties, avec la vie de l'auteur. Cologne, 1689, in-8 bas., dess. sur la couv.

74. NOSTRADAMUS (Michel). Les Prophéties. Lyon, 1698, in-12, rel. v.

75. SALVERTE (Eusèbe). Essais sur la magie, les prodiges et les miracles. Paris, 1829, 2 vol. in-8, br.

Beaux-arts, métiers, jeux, etc.

76. Archéologie, cahier d'instructions sur l'architecture, la sculpture, les meubles, les armes, etc. Paris, 1846, in-4, dem.-rel., fig.

77. Curiosités de l'archéologie et des beaux-arts. Paris, Paulin, 1856, in-12, dem.-rel.

78. DUPUIS (C.). Nouveau traité d'architecture. Paris, 1773, in-fol., fig.

79. FELIBIEN. Des Principes de l'architecture, de la sculpture, de la peinture, etc. Paris, 1676, in-4, v. fig.

80. HANS HOLBEIN. L'Alphabet de la mort, publ. par A. de Montaiglon. Paris, Tross, 1856, in-8, br. fig.

81. HOPE (Th.) et BARON (A.). Hist. de l'architecture. Paris, Noblet, 1856, 2 vol. gr. in-8, br. fig.

82. KRAUSS (graveur). Tapisserie du roi où sont représentés les quatre éléments et les quatre saisons, avec les devises qui les accompagnent et leur explication. Augsbourg, 1690, in-fol. cart., fig. grav., texte français et allemand.

83. LA CHAU (abbé de). Dissertation sur les attributs de Vénus. Paris, 1776, in-4, br., fig.

84. LIBERT. Traité du dessin et de la peinture. Paris, 1821, in-12, br., fig. (Taché.)

85. MAUD'HUY (V. de). Du genre gothique avec comparaison au genre païen. Paris, 1842, in-8, br.

86. Traité de la peinture en miniature pour apprendre aisément à peindre sans maître, avec le secret de faire les plus belles couleurs, l'or bruni, l'or en coquille, etc. La Haye, 1708, in-12, cart.

87. GLUCK (Ch.). Révolution opérée dans la musique. Naples, 1781, in-8, br., fig.

88. Musique de Rousseau (J.-J.), Rameau, Blein, Escudier, Fétis, Molette. 6 vol. dif. form.

89. WILHEM (B.). Manuel musical. Paris, Perrotin, 1842, in-8, dem.-rel.

90. Art (l') de juger du caractère des hommes sur leur écriture. Paris, 1816, in-18, br., pl. et fig.

91. BERTHOUD (Ferd.). L'Art de régler les montres et pendules. Paris, 1759, in-18, rel., fig.

92. BOYER. Manuel du porcelainier, du faïencier, du potier de terre, du briquetier, du tuilier. Paris, Roret, 1846, 2 vol. in-18, br., fig.

93. BRONGNIARD (Alex.). Traité des arts céramiques ou des poteries. Paris, Mathias, 1844, 2 vol. et atlas in-8 et in-4, br.

Avec toutes les marques des fabriques françaises et étrangères.

94. HELLOT. L'Art de la teinture des laines. Paris, 1750, in-12, rel.

95. MOMORO (A.-Franç.). Manuel de l'imprimeur. Paris, 1796, in-8, rel. v., 36 pl. en t. douce.

96. VIGENERE (Bl. de). Traité des chiffres ou secrète manière d'escrire. Les fastes des anciens Hébreux, Grecs et Romains, av. un traité de l'an et du mois. Paris, 1786, 2 tom. en un vol. in-4, rel. v. pl.

97. Académie universelle des Jeux. Les Voleurs démasqués au jeu, le Witth, le Jeu et les joueurs, le n° 113 des Maisons de jeux. Ens. 8 vol. in-12, rel. et br.

98. GUILLET. Les Arts de l'homme d'épée. A La Haye, 1680, in-12, rel., fig.

99. POSSELIER (A.). La Théorie de l'escrime. Paris, 1845, in-8, br., fig,

00. BLANCO SAINT-BONNET. Manuel des chasseurs. Paris, 1821, in-8, br.

01. Dialogue sur les capitaineries, que la chasse est une usurpation. Br., in-8.

102. Ruses (les) innocentes dans lesquelles se voit comment on prend les oiseaux passagers et non passagers et plusieurs sortes de bêtes à quatre pieds, etc., par Francois Fortin, religieux de Grammont. Amsterdam, 1695, in-8, fig., vél. (Bel exempl.)

BELLES-LETTRES

Linguistique, patois, etc.

103. BELLAND. Essai sur la langue arménienne. Paris, 1812. in-8, br.

104. BOISTE (P.-C.). Dictionnaire universel de la langue française revu et corrigé par Nodier. Paris, Didot, 1836, in-4, dem.-rel.

105. CHIMERANDRE l'anti-Grec, fils de Bacha Bilboquet, ou les équivoques de la langue française. Balivernopolis, s. d. in-8, n. rel.

106. DU CANGE (Carol. Dufresne, dom.). Glossarium ad scriptores mediæ et infimæ latinitatis, éditio locupletior, opera et studio monachorum ord. S. Benedicti. Parisiis, Osmont, 1733, 6 vol. Idem Glossarium novum, seu supplementum ad auctiorem glossarii Cangiani editionem, collegit et digessit D.-P. Carpentier. Parisiis, 176€, 4 vol., ens. 10 vol. in-fol., rel. v. (Bel exemp.) Se trouve le cahier de 10 ff. contenant des empreintes de monnaies.

107. DURET (Claude). Trésor des langues de l'univers. Yverdon, 1619. in-4, rel. v.

108. LABAUME (A.). Recherches asiatiques ou mémoires de la société de Bengale. Paris, impr. impériale, 1805. 2 vol. in-4, br.

109. LEVÉE (J,-B.). Dict. des épithètes françaises. Paris, 1817, in-8 br.

110. NOËL et CHAPSAL. Dict. de la langue française. Paris. Hachette, 1843, gr. in-8, br.

111. BARBAZAN. Le castoiement ou instr. d'un père à son fils. Comp. au XIIIe siècle, langue des Celtes. Paris, 1760, in-12, rel.

111 *bis*. BARBAZAN. L'Ordene de Chevalerie. Paris, 1759, in-12, rel. v.

112. BAUDRIMONT. Hist. des Basques. Paris, Duprat, 1854, in-8, br.

113. CABRIÉ. Le Troubadour moderne. Paris, 1844, in-8, dem.-rel.

114. DELEPIERRE (Oct.). Littérature macaronique. Doute historique. S. l. n. d.; ens. 2 br. in-8.

115. DINAUX et CARPENTIER. Trouvères cambrésiens. Valenciennes, 1834, 2 vol. et br. in-8.

116. GROS (M.-F.-T.). Recueil de Pouesiés Prouvençalos. Marseille, 1763, in-8, cart.

117. HIPPEAU (C.). Le Bestiaire divin de Guillaume, clerc de Normandie, trouvère du XIIIe siècle. Caen, Hardel, 1832, in-8, dem.-rel. v.

118. LE CONIDEC (J.-F.). Dict. celto-breton. Angoulême, 1821, in-8, br.

119. Les dones Coumaires. J. La Chico. Un blu et un rouge, dialogo en vers. Desanat, fleou. Napoleoun voleis restos doou grand homme, poesio prouvençalo. 1840, id. Lou canaon deis Alpinos, 1839. Id. Refutatien dirigeado contro la Gazetto d'oon miéjou J. Lejourdan. Les Orphelins ou lamouar d'uno mero, patois marseillais. Ens. 7 br. cart.

120. Notices et ext. de quelques ouvr. écrits en patois du midi de la France. Paris, Leleux. 1840, in-12 br.

121. ODDE (Cl. de Triors). Les joyeuses recherches de la langue tolosaine. Paris, Jannet, 1847, in-8, br.

122. PEYROTTES. Las fadechailhas dèl taralie. Montpellier. L'escoumesso, conte. Recueï dé cansouns patoisons. Arles. Voyage à Paris, etc. Avignon. L'Anje de Caritat. Toulouse. Cansou noubello. Ens. 8 br. cart. diff. form.

Auteurs latins, poëtes français, théâtre, romans, facéties, ana, épistolaires, polygraphes, etc.

123. Divini Platonis gemmæ, etc. Parisiis, 1552, pet. in-12, rel. v., tr. dor.

124. GAGUIN (Robert). Ordinis sancte Trinitatitis ministri genere, etc. Paris, 1495-97, in-4, rel. parch. (Bel exempl.)

125. MACRIN. Salmonii Macrini. Epitomæ votæ domini nostri Jesu-Christi. Paris, Mathæi Davodis, 1549, in-8, dem.-rel. (caract. ital.) piq.

126. PERROT (sieur d'Ablancourt) Lucien, traduction. Amsterdam, 1709, 2 vol. in-12, rel. fig.

127. SENECA (L. Annæus). Les OEuvres mises en français, par Matth. de Chaluet. Rouen, 1643, in-4, v. m.

128. SÉNÈQUE (les OEuvres de) mises en français, par Matth. de Chaluet. Genève, 1621, in-4, rel. v.

129. THÉOPHILE. Nouvelles œuvres composées d'excellentes lettres françaises et latines, recueillies par M. Mayret. Paris, 1642, in-8, cart.

130. CHARRON. De la Sagesse, en trois livres. Rouen, 1623, in-8, vel.

131. MÉNAGE. OEgidii Menagii miscellanæ. Paris, 1652, in-4, fig., v. br.

132. RABELAIS (F.) (OEuvres de). Rev. par Jacob, bibliophile. Paris, Charpentier, 1840, in-12, br.

133. ARISTIPPE. Art du comédien, ou Manuel théâtral. Paris, 1826, in-8, br.

133 *bis*. BLANCHARD. Le Club des bonnes gens, le Libraire, la Bibliothèque de Patru, le Souper des Jacobins, etc., ens. 8 broch. in-8, d. un cart.

134. CLAIRON (Mlle). Liberté de la France contre le pouvoir arbitraire de l'excommunication. In-12, rel. v., tr. dor.

135. DESTOUCHES. Œuvres de théâtre. Paris, 1745-59. 10 vol. in-12, mar. rouge, fil. tr. dorées, anc. rel. (Bel exempl.)

136. La Pierre de touche politique. Les Étrennes d'Ésope, l'Ombre du duc d'Albe, le Carnaval de la Haye, le Tabouret des électeurs, le Réveil-matin des alliers, les Lunettes pour les Quinze-Vingts. Bruxelles, 1691, in-12, rel. fig.

137. MANGOURIT (M. de). Nouveaux projets de soirées, lectures dramatiques et musicales. Paris, 1815, in-8, br.

138. MOLIÈRE (OEuvres de). Rev. par Martin. Paris, s. d., 2 vol. in-18, rel. v.

139. MOLIÈRE (OEuvres posthumes), tome VII. Paris, 1682, in-12, rel. v. fig.

140. RACINE (J.). OEuvres. Londres, Casin, 1782, 3 vol. in-16, v. vert., tr. dor., joli exemp. port.

141. Théâtre, Architecture théâtrale, Almanach des spectacles, l'Indiscret des coulisses. Paris, 1835-60, ens. 3 vol. in-8 et in-18, rel. et broch.

142. Ainsi va le Monde. Griseldi, ou la Marquise de Salusses. Amsterdam, 1769, in-18, rel. v.

143. AKERLIO (le doct.). Éloge des peruques. Paris, Crapelet, in-12, br.

144. Art de désopiler la rate. Venise, 2 vol. in-12, rel.

145. Art de tromper, de voler et de parvenir. 1816, 1824, 4 vol. in-8, br. (genre badin).

146. BEROALDE DE VERVILLE. Le moyen de parvenir, rev. par P. Jacob (bibliophile). Paris, Charpentier, 1852, in-12, br.

147. BRANTOME (seigneur de). Vies des Dames galantes. Paris, Garnier, 1848, in-12, dem.-rel.

148. Caquets de l'Accouchée (les), rev. par Fournier et Le Roux de Lincy. Paris, Jannet, 1855, in-12, rel. t.

149. Dissertation sur les Cornes, anc. et mod. Paris, 1785, br. in-8.

150. École (l') des Filles, ou Mémoires de Constance. Londres, 1759, 4 vol. in-18, rel. v.

151. Hist. maccaronique de Merlin Coccaie, prototype de Rabelais, plus l'horrible bataille advenue entre les mouches et les fourmis. Paris, 1606, 2 vol. in-12, bas.

152. Frankliana, les Douze Césars, Susanne (ou le triomphe de l'innocence), le Souper des Sages, les Femmes telles qu'elles sont, réunis en 1 vol. in-18, rel. fig.

153. GONIN (les tours de maître). Paris, 1713, 2 vol. in-12, br. fig.

154. GRANDVILLE. Les Métamorphoses du Jour. Paris, Havard, 1854, in-4, br. fig. col.

155. Histoire de dom Ranucio d'Alétés. Venise, 1752, in-12, rel. fig.

156. LEBASSU (Mme J.). La Saint-Simonienne. Paris, 1833, in-8, br., fig.

157. LESAGE. Aventuras de Gil-Blas de Santillana. Barcelona, 1817, 5 vol. in-12, rel., fig.

158. Marguerite de Valois, reine de Navarre. Ses Nouvelles (en allemand) avec les figures de Freudenberger. Berne, 1791, 2 vol. in-8, rel. (Bel exempl. jol. fig. à 2 teintes.)

159. MÉRY (M.-C. de). Histoire générale des proverbes, adages sentences, etc. Paris, 1828, 3 vol. in-8, br.

160. Parnasse (le) réformé. Paris, 1669, in-12, rel. v. br.

161. Réponse de M. Jérôme, râpeur de tabac, à M. Raphael, peintre. Paris, 1769, in-8°, br.

162. RETIF DE LA BRETONNE. Le Paysan perverti. Paris, 1776. La Paysanne pervertie. Paris, 1784. Explication des figures. Ensemble, 9 tom. en 8 vol. in-12, bas., figures avant la lettre. (Bel exempl.)

163. THOMAS. Essai sur le caractère des femmes. Paris, 1803, in-8°, br.

164. VAYER DE BOUTIGNY (le). Tarsis et Zélie. Paris, Musier, 1774, 6 vol. in-8, rel. v., fig. de Cochin et Eisen. (Bel exempl.)

165. Chansonnier (le) français, ou recueil de chansons, ariettes, vaudevilles et autres couplets choisis. S. l., 1760, 4 v. in-12, d. c. bas, musique notée.

166. DUFOUR. Commentaire en vers français sur l'école de Salerne. Paris, 1671, in-12, rel. (Manq. le titre.)

167. DU MONT-SACRÉ. L'Espagne conquise par Charles le Grand, poëme. 1596, in-12, parch. (Fatigué.)

168. FLORIAN. Fables. Paris, Ponthieu, 1825, in-8°, dem.-rel. portr.

169. Portraits du jour, les Baladins, les Culottes de saint Griffon, les Sottises de MM. les miracles, ou la Grâce de Dieu, etc. Ens. 9 br. in-8 d. un c. (Curieux.)

170. RULLIER (E.). Le Nouveau Télémaque, parodie. Angoulême, 1851, 2 vol. in-8, br.

171. POPE (A.). The poetical works. London, 1825, 2 vol. in-32, cart. fig.

172. REGNIER (Mathurin). Œuvres complètes. Paris, Jannet, 1853, in-12, rel. toile.

173. VILLETTE (marquis de). Œuvres. Édimbourg, 1788, in-8, rel. v.

HISTOIRE

Géographie, voyages, histoire ancienne et des religions, etc.

174. APIAN (P). Géographie ou description des quatre parties du monde, augm. par G. Frison. Anvers, 1581, in-4, rel., fig.

175. LEVASSEUR. Atlas national de la France. Paris, Gombette, 1856, in-fol. dem.-rel. m. r. (Bel exempl.)

176. Petit atlas des départements de la France et des colonies. Paris, 1833, in-4, dem.-rel.

177. PTOLEMÆI (Cl.) Geographiæ universæ. Venetiis, 1596, in-4, parch., pl.

178. Recueil de cartes géographiques relatives au Voyage du jeune Anacharsis. Paris, 1790, in-4, rel. m. tr. dor.

179. STRABO. Rerum geograph. libri XXVII, græce et lat. cum notis Xylandri, Casauboni et alior. (cura T. J. a Almeloveen). Amst., 1707, en 2 vol. in-fol. v. br.

180. CASAS (baron de Las). Relation des voyages et des découvertes que les Espagnols ont fait dans les Indes occidentales, suiv. l'Art de voyager. Amst., 1698, in-12, rel. bas.

181. COREAL. Voyage aux Indes occidentales. Amst., 1722, 3 vol. in-12, rel. bas., fig.

182. HALLER (G.-M.). Les Alpes. Berne, 1795, in-4, fig. mar. rouge, dentelle. (Bel ex.)

183. LONG (J.). Voyages chez différentes nations sauvages de l'Amérique septentrionale, trad. par Billecocq. Paris, an II, in-8, c. n. r.

184. PHILIPPE (le R. P.), carme déchaussé. Voyage d'Orient. Lyon, 1669, in-8, vel.

185. ATLAS. La Germanie, Mithriaca et autres. Paris. Ens. 4 v. in-4 et in-8, br.

186. CAPACCIO (Cesare Giulio). La Vera antichita di pazzvolo. Rome, 1662, in-8, v. fig. sur bois.

187. De principatibus Italiæ. Lugd. Bat. Elzev., 1628, in-32, rel. m. r.

188. DES ROTOUTZ. Almanach des monnaies. Paris, 1785, in-12, cart. fig.

189. FORTIA D'URBAN. Histoire des Salliens, Origine de l'histoire du globe, etc. Paris, 1807, 10 vol. in-12, rel. v.

190. GÉRARD (Jacob-K.). Traité élém. de numismatique ancienne, etc. Paris, 1825, 2 vol. in-8, dem.-rel.

191. GUISCHARD. Mémoires critiques et historiques sur plusieurs points d'antiquités militaires. Berlin, 1773, 4 vol. in-8, dem.-rel. fig.

192. GUYON (abbé). Histoire des amazones. Paris, 1740, in-12, rel. v.

193. LANDON et DUMERSAN. Numismatique du Voyage du jeune Anacharsis. Paris, 1818, 2 vol. in-8, dem.-rel., fig.

194. LE BLANC. Traité historique des monnaies de France depuis le commencement de la monarchie. Paris, 1690, in-4, fig. v., br. (bel ex.)

195. LENS. Le Costume des peuples de l'antiquité prouvé par les monuments, avec 57 estampes. Dresde, 1785, in-4, cart.

196. LE VIOLIER. Des histoires romaines, revu par Brunet. Paris, Jannet, 1858, in-12, rel., t.

197. MEINERS. Recherches historiques sur le luxe chez les Athéniens. Paris, 1823, in-8, br.

198. Nombreux portraits, médaillons coloriés des empereurs romains. Zurich, 1558, in-8, relié en bois (texte allem.) (Fatigué.)

199. RAOUL-ROCHETTE. Des catacombes de Rome. Paris, 1837, in-12, rel., fig.

200. SAINT-SIMON. Histoire de la guerre des Bataves et des Romains, d'après César, Tacite, etc., avec les planches d'Otto Vænius, gravées par A. Tempesta. Amst., 1770, in-fol. rel., fig.

201. CHIFFLET (Phil.). Concilii tridentini, Paulo III, Julio III et Pio IV, etc. Coloniæ Agrippinæ, 1688, in-32, rel., fig.

202. FLEURY. Des congrégations religieuses. Paris, 1826, in-8, br.

203. GRÉGOIRE. Les Ruines de Port-Royal des Champs. Paris, 1809, in-8, br.

204. HEIDEGGER. Traités du martyre de la consolation, mis en français par Saint-Amant. Genève, 1686, in-8, rel.

205. LENFANT (J.). Histoire du concile de Constance. Amst., 1727, 2 vol. in-4, bas. fig.

206. Id. Histoire du concile de Pise. Amst., 1724, 2 t. en 1 vol. in-4, bas. fig.

207. Id. Histoire de la guerre des Hussites et du concile de Bâle. Amst., 1731, 2 t. en 1 vol. in-4, bas. fig.

208. Id. Préservatif contre la réunion avec le siége de Rome. Amst. 1723, 4 vol. in-12, cart.

209. LESUEUR (J.). Histoire de l'Église et de l'Empire. Genève, 1649, 8 t. en 4 vol. v.

210. Promenade au monastère de la Trappe. Paris, 1822, in-12, br. fig.

HISTOIRE MODERNE

Histoire de France.

211. BILLARDON-SAUVIGNY. Essais hist. sur les mœurs des Français. Paris, 1792, 10 vol. in-8, rel. v., fig.

212. CAYET PALMA. Chronologie septénaire de l'histoire de la paix entre les rois de France et d'Espagne. Paris, 1605, in-8, v. m.

213. GUIZOT. Essais sur l'hist. de France. Paris, Charpentier, 1841, in-12, dem.-rel.

214. MONTGON (l'abbé de). Mémoires sur les cours de France, d'Espagne et de Portugal. 1748, 5 vol. in-12, rel., tr. dor., v., port.

215. ZURLAUBEN. Histoire militaire des Suisses au service de la France. Paris, 1751, 8 vol. in-12, rel. mar. rouge, dent., tr. dor., anc. rel. (Bel exemplaire.)

216. Louis XI roy de France et la chronique scandaleuse depuis l'an 1460-83. Paris, 1620, in-12, rel. v.

217. GAIL (J.-B.), Lettres inédites de Henri II, Diane de Poitiers, Marie Stuart, François, roi, dauphin, etc. Paris, 1818, in-8, br.

218. FORCE (Mlle de). Hist. de Marguerite de Valois, reine de Navarre. Paris, Didot, 1783, 6 vol., rel. v. (Manque le t. 1er.)

219. CAILLIÈRE (de). Histoire du maréchal de Matignon. Paris, 1641, in-fol., v. br., fig.

220. JOLY (Mémoires de), suite du c. de Retz. Rotterdam, 1718, 2 vol. in-12, rel. v.

221. Mémoires de la Régence sous Louis XV. La Haye, 1736, 3 vol. in-12, rel. v., fig.

222. Av. 89. Le sang innocent, Organis. de la garde nationale et le Cri des nations. Ens. 8 br. in-8.

223. 1789. Bénédiction des drapeaux. Demoiselle Noblesse, Prenez garde à à vous, Mes prophéties, le Sabreur des Tuilleries, sauvez-nous, la Trompette du jugement, Cri du monstre, Ouvrez-donc les yeux, etc. Ens., 45 broch. dans un cart.

224. CALONNE (de). Pièces sur la Révolution, Lettres adressées au roi, Réponse sincère, l'Antidote du poison, Trois ordres de la ville de Saint-Mihiel, De l'état de la France, les Trois âges de Louis XVI, La confession, Les OEufs de Pâques, Le Ministère dévoilé, etc., etc. Ens. 60 brochures dans 9 cart. (Curieux).

225. Révolution à Liége, Un roi de France consent à mettre un bonnet rouge, Fuite à Varennes, Odes de Lebrun, etc. (1789) br. et journ. réunis. (Curieux.)

226. 1790. Les crimes de Paris, Grenadiers soldés, Qui est-ce donc qui gagne à la révolution? le Loup-garou, Détails de la fête nationale, etc. Ens. 30 broch. in-8 j., un c. (Curieux.)

227. 1791-92, la Puce à l'oreille, le Moine qui n'est pas bête, Agonie des colporteurs, le Père éternel démocrate, etc. Ens. 30 br. in-8 d. un c. (Curieux.)

228. La Jacobinéide, poëme héroï-comi-civique. Paris, 1792, in-8, rel. v., fig.

229. 1793, Pensées républicaines, Testament de Louis XVI, Du divorce, etc. Ens. 12 vol. et b. dans un c. (Curieux.)

230. AUBRY (P.-F.), député, s. la révol. de 1793. 17 pièces dans un cart. in-8 (Curieux).

231. AUDIGER. Comité révolutionnaire (clubs), 1793-95. Paris, 1831, in-8, br.

232. DUMOURIEZ. Les Merles dénichés ou les crimes du général, discours et rapports. 11 pièces d. un cart.

233. Grand plaidoyer pour les vainqueurs de la Bastille contre les mouchards, Projets de censure publique, Doit-on vendre les biens du clergé ? Sur la liberté, etc. (1789). Ens. 6 br. in-8.

234. LAMOIGNON (de). 13 pièces sur la révolution de 89, d. un cart.

235. MARIE-ANTOINETTE. Sa grossesse, sa vie, son procès, etc. Ens. 23 br. in-8 d. un cart. (Très-curieux.)

236. PARENT. Recueil d'hymnes philosophiques, civiques et moraux. An VII, in-12, br.

237. ROBESPIERRE. Sa vie, Sur le préjugé des peines infamantes, etc. Ens. 3 br. in-8.

228. 1794-99. Almanach des prisons, rapports à Louis XVIII, etc. Ens. 10 vol. et broch. (Curieux.)

239. MONTJOIE. Histoire de la conjuration de L.-P.-J. d'Orléans. Paris, 1796, in-8, dem.-rel. fig.

240. Brochures parues s. la Révol., ayant rapp. aux provinces, Nîmes, Marseille. Ens. 60 broch. in-8. (Curieux.)

241. CARNOT. Notice historique sur Barrère. Paris, J. Labitte 1842, in-8, br.

242. Discours, opinions et rapports des députés de la Convention, etc. Ens. 60 br., in-8. (Curieux.)

243. Hist. de l'esprit révolutionnaire des nobles en France sous les 68 rois de la monarchie. Paris, Beaudoin, 1818. 2 vol. in-8, br.

244. Journaux, l'Ami du peuple de Marat, Courrier de Saint-Cloud, etc., une liasse in-8. (Curieux.)

245. LACRETELLE. Précis historique de la Révolution française. Paris, Didot, 1803-09, 5 vol. in-18, rel. v., tr. dor., fig.

246. MARAT. Infernal projet des ennemis de la Révolution, Dénonciation faite au tribunal du Public, Marat et ses calomniateurs, Plan de législation criminelle. Ens. 5 brochures. 1790-1847, portr.

147. Moniteur. Réimpression. Paris, 1802, 7 vol. in-4, br.

248. Poésies nationales de la Révolution française ou Recueil

complet des Chants, Hymnes, Couplets, Odes, Chansons patriotiques. Paris, 1836, in-8, br., fig.

249. Tableaux historiques de la Révolution française. Paris, Auber, 1804, 3 vol. in-fol., dem.-rel. Bel exemplaire.

250. Franc-maçonnerie. S. le Consulat et Empire. 26 vol. et br. en 2 cart. (Curieux.)

251. Quarante-huit heures au château des Tuileries pendant les journées des 19 et 20 mars. Paris. 1816, in-fol., br , fig.

252. Siéges soutenus par la ville de Paris, Déclaration de l'Empereur de Russie, Instruction sur le Champ de mai, Evénements politiques en France (devenu très-rare), Trahisons de 1814. Ens. 7 br. in-8, (Curieux.)

253. 1800-28. Politique et autres. 12 br. in-8 un c.

254. 1829-35, Sur la Révol. de 1830, par Thiers, Marrast (Arm.), etc., 11 vol. et broch. in-8, d. un c. (Curieux.)

255. APPERT. Dix ans à la cour du roi Louis-Philippe. Paris, 1846. 3 vol. in-8, br.

256. Fieschi, attentat et plaidoyer, sur Louis-Philippe. 1832-35, 4 br. in-8. (Curieux.)

257. Louis-Philippe et les siens, Prince de Joinville, Prestation de serment, Obsèques de Manuel, Mélanges, etc., br. réun. et journaux.

258. Marie d'Orléans, la mère de Louis-Philippe et la reine Amélie, etc. 1822-39, 3 br. et vol. in-8.

259. Maria-Stella ou Echange criminel d'une demoiselle du plus haut rang contre un garçon de la condition la plus vile. Paris, 1838, in-8, br.

260. Messe et dîner aux Tuileries (souvenirs). 1829-43. 2 br. in-8.

261. Procès des dix-neuf citoyens. Mémoires de Charlotte Robespierre, etc. 1831-35, in-8, dem.-rel.

262. QUÉLEN (M. de) et le Gouvernement, Paganel (l'abbé), l'Archevêque de Paris accusé de mensonge et de spoliation.

262 *bis*. **SÉMIDEI (P.-F.). Religioso-Politiques. Paris. Ens. 4 vol. et br. in-8.**

263. 1848-49. Journaux nés de la Révolution, Rapports, Professionsdefoi, le salut du peuple, le travail et la misères, une liasse.

264. Episodes. Prise des Tuileries (1848), 3 br. in-8.

265. Murailles révolutionnaires. Paris, Bry, 1852, in-4, br., tom. Ier.

266. TIREL (Louis). République dans les carrosses du roi (triomphe sans combat). Lamartine. Improvisation. 2 v. et br., in-8. (Curieux.)

267. SIMON (Jules). Le Gouvernement provisoire. — De Cazes (Elie) et Lamartine (de), le 24 Février. Trinité républicaine. Paris, 1848. — Chanel (J.), Affaire du 15 mai 1848. En tout 9 pièces in-8 br.

268. 1850-52. Les Carosses; etc.; le Socialisme, etc. Ens. 8 vol. et br.

269. Abdication et fuite, le drame des Tuileries, une Vérité au roi Louis-Philippe, etc., 48-51, 3 vol. br. in-8.

270. BLANC (L.). Pages d'histoire de la Révolution de Février 1848. Paris, 1850, in-4, br.

271. La Famille d'Orléans dépouillée après 1848, plusieurs pièces réunies.

272. Philippique contre les octroyeurs de places, etc. 1849, 2 vol. in-8, br.

273. Sur les Biens de la famille d'Orléans. Paris, 1852, 5 vol. et br.

Paris et les provinces.

274. BERAUD et P. DUFEY. Dict. histor. de Paris. Paris, 1832, 2 vol. in-8, br.

275. CHERONNET (D.-J.-F.). Hist. de Montmartre. Paris, Bretteau, 1843, in-12, br.

276. CLÉSIUEX (Ach. du). Paris, Une voix dans la foule. Paris, Amyot, 1857, in-8, br.

277. Curiositez de Paris, Versailles, Marly, Vincennes, Saint-Cloud, etc. 1716, in-12, rel. fig.

278. DU BREUL (Jacq.). Le Théâtre des antiquités de Paris, 1612, in-4, rel. v., fig.

279. — *Id.* Antiquités de Paris, 1612, in-4, rel. vél., manq. le titre.

280. État ou Tableau de Paris. Paris, 1760, in-8, rel., cartes.

281. FONTAINE DE RESBECQ. Voyages sur les Quais de Paris. P. Durand, 1857, in-12, br.

282. GILBERT (A.). Descript. hist. de la Basilique métropolitaine de Paris. 1811, br. in-8.

283. GUILHERMY (de) et VIOLLET-LE-DUC. Description de Notre-Dame de Paris. 1856, in-8, br. fig.

284. HÉBERT. Almanach des riches monumens de la ville de Paris. 1779-80, 2 vol. in-18, rel. v.

285. HÉRICART DE THURY. Description des Catacombes de Paris. Paris, 1815, in-8, br. fig.

286. HURTAUT et MAGNY. Dict. Hist. de Paris et ses environs. Paris, 1779, 4 vol. in-8, rel. v. pl.

287. LABAT (E.). Rech. hist. s. l'hôtel de la présidence aujourd'hui hôtel de la préfecture. Paris, 1844, gr. in-8, br. fig.

288. LAZARE (Félix). Dict. des Rues de Paris et ses Monuments. Paris, 1844, in-4, dem.-rel.

289. LEFEUVE. Les anciennes maisons de Paris. 1856-61, 58 livraisons in-12, br. Complet jusqu'à ce jour.

290. Notice sur Saint-Étienne du Mont. Hist. de Sainte-Geneviève. Paris, 1840-61, 2 vol. in-8 et in-12, br.

291. Paris et ses Environs, par Dulaure. 1787-1816, ens. 3 vol., rel. fig.

292. Paris pittoresque. 1842, 2 vol. in-4, br.

293. Paris et ses Curiosités, avec une notice sur ses environs. 1804, 2 vol. in-12, br.

294. Paris révolutionnaire. 1835, 16 livraisons in-8, br.

295. PIGANIOL DE LA FORCE. Descrip. de Paris, Versailles, Marly, Meudon, Saint-Cloud, Fontainebleau, etc. Paris, 1742, 8 vol. in-12, rel. v. fig.

296. Promenades aux Cimetières de Paris. In-12, br. fig.

297. PRUDHOMME. Voyage de Paris. 1821, 2 vol. in-18, demi-rel. fig.

298. ROQUEFORT (B. de). Dict. des Monuments de la ville de Paris. Paris, 1826, in-8, br.

299. SAINT-SURIN (Mme de). L'hôtel de Cluny au moyen âge, Paris, Techener, 1835, in-8, v. rel.

300. TYNNA (J. de la). Dict. des Rues de Paris. Paris, 1816, in-12, br.

301. Voyages, tableaux, hist., guides sur Paris, ens. 10 vol. dif. formats.

302. Annuaire des cinq départements de l'anc. Normandie, Caen. 1834-59, ens. 17 vol. in-8, (manq. quelq. vol.).

303. Amiens. Descrip. de la ville et de ses monuments. 1848, in-12, br. fig.

304. BARNY DE ROMANET. Hist. du Limousin. Limoges, 1821, in-8, demi-rel.

305. BAUDOT (Fr.). Lettres sur l'ancienneté de la ville d'Autun et celle de Dijon. 1710, in-12, dem.-rel. fig.

306. BAUX (J.) et ROUSSELLET. Hist. de l'Eglise de Brou. Lyon et Bourg-en-Bresse, 1826-54, 2 vol. in-12, rel. et br.

307. Beffroi de Péronne. Amiens. 1844, in-4.

308. BEGIN (E.-A.). Hist. des sciences dans le pays messin, depuis les Gaulois jusqu'à nos jours. Metz, 1829, in-8, br. pl.

309. BLORDIER-LANGLOIS. Angers et le dép. de Maine-et-Loire, de 1717 à 1830. 2 vol. br.

310. BOUILLET. Archéologique de Clermont à Bourges. 1839, in-18, dem.-rel. cart.

311. Descrip. de la haute Auvergne. Paris, 1834, in-8, br.

312. BOUVVOT (I.) Arrests de Bourgongne. Genève, 1628, in-4, parch.

313. BRUNEEL (Henri). Hist. populaire de Lille. 1848, in-8, br.

314. BUIRETTE (Ch.). Hist. de la ville de Sainte-Menehoud. 1837, in-8, br. pl. et fig.

315. BUZONNIÈRE (de). Hist. architecturale de la ville d'Orléans. Paris, 1849, 2 vol. in-8, dem.-rel.

316. Caen en 1786, par Poignant. Hist. de la ville, Chronique, Maison du Bon-Sauveur. Ens. 3 vol. et br. in-8.

317. Caen. Mémoires de l'Académie et de la Société des sciences, arts, belles-lettres, agriculture, etc. Ens. 15 vol. in-8, br.

318. CAILLEAU (A.-B.). Hist. de Notre-Dame de Roc-Amadour. Paris, 1834, in-8, br. fig.

319. CALMET (Dom.). Traité des eaux et bains de Plombières, etc. Nancy, 1743, in-8, rel. cart.

320. CANEL (A.). Essai hist. sur l'arrond. de Pont-Audemer. Paris, 1833, 2 vol. in-8, dem.-rel.

321. CAUMETTE. Antiquités de la ville de Nismes, etc. 1773, in-12, rel. v. fig.

322. CAUMONT (de). Abécédaire, ou Rudiment d'archéologie des provinces de France. Paris, 1853, in-8, br. fig.

323. Id. Buletin monumental, Congrès archéologique de France, Revue normande. Pl. atlas de l'architecture religieuse. Ens. 10 vol. et br. in-8.

324. CHAMPOLLION-FIGEAC. Recherches sur la ville gauloise d'Uxellodunum. Paris, impr. royale, 1820, in-4, br. fig.

325. CHASTEAU DU BREUIL. Guerres religieuses d'Auvergne. Clermont, 1840, in-8, br.

326. CHUPPIN (Mlle Emma.) De l'état de la musique en Normandie. Caen, 1837, in-8, br.

327. COCHET (l'abbé). Les Eglises de l'arrondissement de Dieppe. 1846, gr. in-8 br., fig.

328. Compiègne et Pierrefonds. 1842-52, 2 vol. et br. in-8, fig.

329. DANIEL. Biographie des hommes remarquables de Seine-et-Oise. Rambouillet, 1832, in-8, br.

330. DELAPORTE. Recherches sur la Bretagne. Rennes, 1819, 2 vol. in-8, br.

331. DELARBRE (A.). Essai zoologique sur l'Auvergne. Paris, 1798, in-8, rel. v.

332. DUCHALAIS (Ad.). Charte inédite de l'an 1138 relative aux Vicomtes de Melun. Paris, Didot. 1846, in-8.

333. DUCHÊNE (André). Les Antiquités et recherches sur les villes, châteaux., etc., de toute la France. Paris, 1637, in-8, rel. v.

334. DUCLOS. Dictionnaire général des villes, bourgs, villages, hameaux et fermes de la France. Paris, 1857, in-4, rel. toile.

335. DULAC (Alleon). Histoire naturelle des Provinces de Lyonnais, Forez et Beaujolois. Lyon, 1765, 2 vol. in-8, dem.-rel., fig.

336. DUPRÉ DE SAINT-MAUR. Mémoires pour la ville de Bordeaux. 1782, in-4, cart.

337. Essai sur l'Histoire de Normandie. Amsterdam, 1766, in-12, br.

338. Explication des Cérémonies de la Fête-Dieu d'Aix en Provence. Aix, 1777, in-12, dem.-rel. fig. (Curieux).

339. FABRE (Aug.). Histoire de Provence. Marseille, 1837, 2 vol. in-8, br.

340. Fontainebleau, Descrip. et Voyage, par Jamin. 1838, 2 vol. et br. in-8.

341. Franche-Comté, ancienne et moderne. Paris, 1786, in-12, rel. v.

342. FRANÇOIS (de Neufchateau). Voyages agronomiques dans la sénatoreie de Dijon. Paris, madame Huzard, in-4, rel. v. pl.

343. FREMINVILLE (de). Antiquités de la Bretagne. Brest, 1832, in-8, br., fig.

344. GERMAIN (A). Archives de l'Inquisition de Carcassonne. Montpellier, 1856, in-4, br.

345. GÉRUZEZ (J.-B.-F.). Description de la ville de Reims. Paris, 1817, 2 vol. in-8, dem.-rel. fig.

346. GILBERT (A.-P.-M.). Description de l'église cathédrale d'Amiens. Amiens, 1833, in-8, dem.-rel. fig.

347. GILBERT (A.-P.-M.). Description historique de l'église de Notre-Dame de Rouen. 1716, in-8, br. fig.

348. GIRAUDEAU. Précis historique du Poitou. Paris, s. d., in-8, br. pl.

349. GOLLUT (Loys) et DUVERNOY (Ch.). Mémoires historiques de la république Séquanoise et des princes de la Franche-Comté de Bourgongne. Arbois, 1846, in-4, br.

350. GOZE et M. DUCEVEL. Cathédrale d'Amiens et Beffroi. 1847, in-4, br. fig.

351. GUÉPIN et BONNAMY. Nantes au XIXe siècle. Nantes, 1835, in-12, br. fig.

352. Id. 1836, in-12, br.

353. GUILBERT (l'abbé). Description des châteaux, bourgs, forest de Fontainebleau. Paris, 1731, 2 vol. in-12, rel. fig.

354. HAVRE (le) et ses environs. 1825, in-12, rel. fig.

355. Inquisition (l') en Normandie. Paris, 1843, in-8, br.

356. JUGE (J.-J.). Changements survenus dans les mœurs des habitants de Limoges. 1817, in-8, br.

357. JUSTE HOUEL (Ch.). Annales des Cauchois depuis les temps celtiques jusqu'à 1830. Paris, 1847, 3 vol. in-8, br.

358. LABORDE (Alex. de). Les monuments de la France classés chronologiquement. Paris, Ivard, 1831, 2 vol. gr. in-fol., rel. et un carton de livraison.

359. LA RUE (l'abbé de). Essai historique sur la ville de Caen. 1842, 3 vol. in-8, dem.-rel., portr.

360. LECOCQ (H.), BOUILLET (J.-B.). Itinéraire du département du Puy-de-Dôme. Paris, 1831, in-8, br.

361. LE GRAND D'AUSSY. Voyage d'Auvergne. Paris, 1738, in-8, rel. fig.

362. LEYMARIE (Ach.). Histoire du Limousin. Limoges, 1838, gr. in-8, br. tom. Ier.

363. LUQUET (J.-F.-O.). Antiquités de Langres, 1838, in-8, br. fig.

364. LETILLOIS. Biographie des Champenois célèbres. Paris, 1836, in-8, br.

365. LEVÉE (J.-B.). Biographie des hommes célèbres du Hovre. Paris, 1823, in-8, dem.-rel.

366. MARIE DU MESNIL. Chroniques neustriennes ou pièces de l'hist. de Normandie. Paris, 1825, in-8, br.

367. MASEIN. Essai hist. sur la ville de Bayonne. Paris, 1792, in-8, br.

368. MÉRIMÉE. Voyage en Auvergne. Manque le titre, in-8, dem.-rel.

369. Id. Voyage dans le Midi de la France. Paris, 1835, in-8, dem.-rel.

370. MONNIER (D.). Les Jurassiens recommandables. Lons-le-Saunier, 1828, in-8, br.

371. MORLANT (J.). Le Havre et son arrond. par une société. Havre, 1840, 2 vol. in-4°, br., fig.

372. MOYNE (l'abbé). L'Abbaye de Sénanque, notice hist. et archéologique. Avignon, 1857, in-12, br. fig.

373. Nismes. Son histoire, ses antiquités, ses environs. Hist. naturelle. Les protestants et leurs persécuteurs. Ens. 8 br. in-8, fig.

374. Nismes et Marseille et autres broch., ens. une liasse.

375. NORMANDIE. Hist. et statis. de l'arr. de Falaise, société linnéene et antiquités. Ens. 15 vol. et br. in-4° et in-8.

376. Origine de Toulouse. 1764, in-8, br.

377. PERRIN. Le Jura et la ville de Lons-le-Saunier. 1850-52, 2 vol. in-12, br.

378. PIGANIOL DE LA FORCE. Descrip. des châteaux et parcs de Versailles. Paris, 1770, 2 vol. in-12, rel. fig.

379. PONTÉCOULANT et PERROT. Hist. des villes d'Uzès et Nismes. 1820-46, 2 vol. in-8, br. fig.

380. POTIER (Jacques). Les Coutumes du pays et duché de Bourbonnais. Moulins, 1701, in-4, dem.-rel.

381. POVILLON-PIÉRARD. Descrip. hist. de l'église de Notre-Dame de Rheims. Rheims, 1823, in-8, br.

382. PRAD (de). Voyage en Auvergne. Paris, 1828, in-8, br.

383. Provins (Notice et dissertation sur la ville de). 1820, in-8, dem.-rel.

384. Provins. Vues avec texte. Paris, 1822, in-fol., d.-rel. fig.

385. RAOUL (Max.). Hist. pittoresque du Mont Saint-Michel. Paris, 1833, in-8, br. fig.

386. Reims, mobilier de la cathédrale, descrip. de la ville, etc. 3 br. in-8.

387. Règlement des Etats de Bretagne. Recueil des titres des droits de franchises, liberté du pays, etc. In-4, rel. v. (La fin de ce vol. est manusc. inédit.)

388. ROSNY (Joseph). Hist. de la ville d'Autun, 1802, in-4, dem.-rel. fig.

389. ROUARD. Notice sur la bibliothèque et l'hist. littéraire de la ville d'Aix. Paris, 1831, in-8, br. fig.

390. SAULCY (de F.). Recherches sur les monnaies de la cité de Metz. Metz, 1836, in-8, dem.-rel.

391. SAUSSAYE (de la) et BAILLARGÉ (Alp.). Hist. des châteaux de Blois, Chambord, Chaumont, Amboise et Chenonceaux. Blois, 1850-57, 2 vol. in-12, br. fig.

392. SMYTTERE (de). Topographie de la ville et les environs de Cassel. Lille, 1833, in-8, br.

393. SOMMIER (Ant.). Hist. de la révolution dans le Jura. Paris, 1846, in-8, br.

394. THOMAS (Eugène). Essai sur Montpellier. 1836, in-8, br.

395. TOUCHARD-LAFOSSE. Hist. de Blois. 1846, in-12, br. fig.

396. VALLET DE VIRIVILLE (A.). Archives historiques du dép. de l'Aube et de l'ancien diocèse de Troyes. 1841, in-8, br. fig.

397. VERMOND (Pierre). Chroniques du Berry. Paris, 1830, in-8, br.

398. VITET (L.). Hist. des anciennes villes de France, Dieppe, Haute-Normandie. Paris, 1833, 2 vol. in-8, br., pl. et fig.

399. VOISIN-LA-HOUGUE et VERUSMOR. Hist. de la ville de Cherbourg. 1835, in-8, br.

400. VUATINÉ. Guide descrip. Saint-Omer, 1846, in-12, br. fig.

Histoire étrangère, noblesse.

401. BARTHE (J.-G.). Le Canada reconquis par la France. Paris, Ledoyen, 1855, in-8, br.

402. CARRIÈRE (Fréd.) et HOLLE (Paul). La Sénégambie française. Paris, Dodat, 1855, in-8, br.

403. DELEPIERRE (Oct.). Faits et gestes admirables de Maximilien Ier durand son mariage avec Marie de Bourgogne, 1839, in-8, dem.-rel. fig.

404. GUER. Mœurs et Usages des Turcs; leur religion, leur gouvernement civil, militaire et politique. Paris, Coustelin, 1746, 2 vol. in-4, rel. v. fig.

405. LLORENTE (J.-A.). Œuvres de dom Barthélemi de Las Casas, défenseur de la liberté des naturels de l'Amérique, précédées de sa vie. Paris, 1822, in-8, br. fig.

406. Révolution d'Italie, 1821-49, 3 vol. et br. in-8.

407. SARRANS (B.). Histoire de Bernadotte, roi de Suède. Paris, 1854, 2 vol. in-8, dem.-rel.

408. JACOB-KOLB. Recherches hist. sur les antiquités d'Augst. Rheims, 1823, in-8, cart. fig.

409. DUPUY. Hist. de l'ordre militaire des Templiers. Bruxelles 1751, in-4, v. m. tr. dor. fig. (Bel ex.)

410. JACOB (Ch.). Recherches historiques sur les Croisades et les Templiers. Paris, 1828, in-8, br. fig.

411. LA CURNE DE SAINTE-PALAYE (de). Mémoires sur l'ancienne chevalerie, Paris, 1759, 2 vol. in-12 rel.

412. RITTERSHUSIUS. Genealogiæ imperat. regum, ducum, comitum, præcipuorumque al. procerum orbis christ. ab 1400 ad 1664. Tubingue, 1664, in-fol., vel. (Bel ex.)

Biographie, bibliographie

413. Biographie universelle. Paris, Dubochet, 1844, in-8, dem.-rel.

414. BOISPREAUX (de). La Vie de Pierre Arretin. La Haye, 1750, in-18, br. fig.

415. Conseils pour former une bibliothèque. Berlin, 1766, in-12, rel. v.

416. SCUDÉRY. Les Femmes illustres ou les Harangues héroïques, avec les véritables portraits de ces héroïnes. Paris, 1644, in-4, v. br.

417. VORAGINE (J. de). La Légende dorée. Paris, Gosselin, 1843, 2 vol. in-12, dem.-rel.

418. Bibliothèque de M. Colomie's, notes de MM. Bourdelot et de la Monnoye. Paris, 1731, in-12, rel. v.

419. BURE (G.-F. de). Traité de la connaissance des livres rares et singuliers. Paris, 1763, 7 vol. in-8, d.-rel.

420. Charivari (le). 121 numéros, contenant les premiers dessins de Gavarni, Daumiers et autres, in-4, dem.-rel. (bon état).

421. LAENSBERG (Matth.). Almanach. Liége, 1790, in-32, rel. maroq. rouge. Etrennes chronologiq. et histor., in-18, rel. v.

422. Manuel du Libraire et de l'amateur de livres. Dictionnaire bibliographique, par M. P..... Paris, 1824, 2 vol. in-8, br.

423. Mélanges sur les Oracles, sur les provinces, la littérature et la bibliographie, etc. Ens. 30 vol. et br., diff. form.

424. Mémoires sur la librairie et la Liberté de la presse, par de Malesherbe, sur la censure, la propriété littéraire, par Locré. Ens. 4 vol. et br.

425. PEIGNOT (Catalogue de). Techener. Paris, 1852, in-8, broch.

426. RIVAROL (de). Almanach de nos grands hommes. Paris, 1808, in-8, br.

427. Livres d'heures gothiques, 1729 (texte allemand), in-4, mar. r., tr. dor., dessins et lettres ornées, bel exempl.

428. Livre d'heures persan, pet. in-4, rel. ancienne incrust. et dor. s. les plats.

Manuscrit curieux, pour la grande quantité de figures, encadrements, bordures en arabesques, réhaussé d'or et de couleurs. Bel exemplaire.

429. Recueil de pièces manuscrites. Ier, IIe, IIIe, IVe volumes : Pièces autogr. de dignités militaires, officiers, sous-officiers, gendarmes, militaires, etc. Poésies, épîtres. — Ve vol. : Pièces autogr. d'autorités civiles, etc. — VIe et VIIe vol. : Lettres de famille, etc. — VIIe et XVIIIe vol. : Pièces diverses de la franc-maçonnerie, statuts, règlements, tableaux, lettres, discours, alphabets, diplômes, faire part de mort, etc. — IXe et Xe, XIIe, XIIIe et XIVe vol. : Réponses diverses, mandements, etc. — XVe et XVIe vol. : Pièces allemandes et espagnoles, voyages, etc. —

XVIIe vol. : Cours de botanique, lettres de faire-part de décès. — XIXe et XXe vol. : Pièces relatives à l'Athénée de la langue française, poésies, principes de grammaire Ouvrage très-curieux, contenant beaucoup de documents manuscrits se rapportant à l'Hist. de la gendarmerie. — Ensemble, 20 vol. in-4, rel. veau. (Bel exemplaire.)

PARIS. — IMP. POUPART-DAVYL ET Ce, RUE DU BAC, 30.

TABLE

www.ingramcontent.com/pod-product-compliance
Ingram Content Group UK Ltd.
Pitfield, Milton Keynes, MK11 3LW, UK
UKHW021532260726
13993UKWH00004B/1943

9 782329 544328